Vente des Lundi 6, Mardi 7 et Mercredi 8 Décembre 1880

HOTEL DROUOT, SALLE N° 5.

COLLECTIONS DE M. L. FRANC

Quatrième Vente

OBJETS D'ART

ET

DE CURIOSITÉ

EXPOSITION PUBLIQUE :

Le Dimanche 5 Décembre 1880,

DE UNE HEURE A CINQ HEURES.

COMMISSAIRE-PRISEUR	EXPERT
Mᵉ CHARLES PILLET	M. CHARLES MANNHEIM
10, rue de la Grange-Batelière.	7, rue Saint-Georges.

CATALOGUE

DES

OBJETS D'ART

ET DE CURIOSITÉ

Matières précieuses, telles que : Cristaux de roche, Jades, Agates, Jaspes, etc. ;
Orfèvrerie ; Sculptures en bois et en ivoire ; Armes ; Objets variés ;
Bronzes d'art et d'ameublement ;
Commode du temps de Louis XVI.

Faisant partie des Collections de M. L. FRANC

ET DONT LA VENTE AURA LIEU

HOTEL DROUOT, SALLE N° 5,

Les Lundi 6, Mardi 7 et Mercredi 8 Décembre 1880,

A DEUX HEURES.

Par le ministère de Me **CHARLES PILLET**, Commissaire-Priseur,
10, rue de la Grange-Batelière,

Assisté de **M. CHARLES MANNHEIM**, Expert, 7, rue Saint-Georges,

Chez lesquels se trouve le présent Catalogue.

EXPOSITION PUBLIQUE : le Dimanche 5 Décembre 1880,

DE UNE HEURE A CINQ HEURES.

CONDITIONS DE LA VENTE

La vente se fait au comptant.

Les acquéreurs paieront *cinq pour cent* en sus des enchères applicables aux frais.

L'exposition mettant le public à même de se rendre compte de l'état des objets, il ne sera admis aucune réclamation une fois l'adjudication prononcée.

Paris. — Typ. PILLET et DUMOULIN, 5, rue des Grands-Augustins.

DÉSIGNATION DES OBJETS

ORFÈVRERIE

1 — Écuelle avec couvercle et plateau en argent repoussé et doré, décorée d'ornements rocaille et d'oiseaux en relief. Travail allemand du temps de Louis XV.

2 — Pot à crème en argent découpé et intérieur en verre bleu. Époque Louis XVI.

3 — Deux salières oblongues à côtes en argent. Travail anglais.

4 — Plaque de ceinturon en argent ciselé à figures. Travail moderne.

5 — Flacon à thé en forme de vase à couvercle, en argent repoussé, XVIIIe siècle.

6 — Garniture de bureau en argent doré et à compartiments de fleurs peintes sur fond émaillé blanc et bleu clair. Travail moderne de style Louis XIII. Il se compose d'un encrier, d'un plateau et d'une petite boîte sphérique aplatie.

7 — Sucrier en forme de vase à couvercle et à deux anses, avec intérieur en verre bleu.

8 — Boîte oblongue en argent à figures et ornements en relief sur le couvercle. Travail hollandais du temps de Louis XV.

9 — Six petites cuillers en argent. Dans un étui en maroquin rouge doré au fer.

10 — Médaille en argent. Buste de Voltaire, né le 20 février 1694.

11 — Plaque ovale en argent repoussé et doré, offrant en relief un écusson armorié.

12 — Trois appliques en argent ciselé provenant d'un ciboire. XVIIe siècle.

13 — Étui à manuscrit en forme de livre en argent à médaillons gravés et fonds de velour noir.

14 — Médaillon ovale en argent par Kirstein : cerf au galop.

15 — Étui à poudre en forme de soufflet en argent gravé et doré. Époque de la Régence.

16 — Petit groupe de deux colombes en argent ciselé.

17 — Cerf couché en argent repoussé, monté sur un presse-papier en porphyre rouge oriental.

18 — Petite coupe en argent à côtes et à quatre petites anses découpées.

19 — Petite boîte ronde en filigrane d'argent.

20 — Quatre petites salières ovales en argent, à pieds cannelés reliés par des festons de lauriers. Époque Louis XVI.

20 *bis*. — Deux salières analogues à celles qui précèdent.

21 — Deux salières ovales à contours en argent sur pieds contournés. Travail allemand du temps de Louis XV.

22 — Trois pièces : Petite coupe en argent sur pied en filigrane; petite coupe en argent doré, forme coquille, et petite cuiller à manche orné d'une cariatide.

23 — Deux cuillers et pince à sucre en argent, modèle à filets.

24 — Bénitier en argent orné d'un bas-relief, la Vierge et l'Enfant Jésus et encadrement en filigrane.

25 — Crochet porte-bobine en argent ciselé à fleurs et ornements.

26 — Garniture de livre en argent du temps de Louis XV.

27 — Grand peigne mexicain en argent doré.

28 — Gobelet en argent repoussé de travail moderne et une petite cuiller en vermeil.

29 — Deux porte-tasses en filigrane d'argent avec tasses en porcelaine de Saxe.

30 — Moutardier en argent repoussé. Travail moderne.

31 — Pot à crème en argent du temps de l'Empire.

31 *bis*. — Sucrier du temps de l'Empire, en argent ciselé, avec intérieur en verre bleu.

32 — Six petites salières en argent doré formée chacune d'un petit personnage poussant un traîneau. Elles sont accompagnées de six petites cuillers. Travail moderne.

33 — Six petites tasses et leurs porte-tasses en argent ciselé et découpé à jour. Travail oriental.

34 — Couvert composé de quatre pièces en argent ciselé et doré de Toula.

35 — Réchaud en argent uni.

36 — Sucrier en cuivre argenté en forme de vase. Époque Louis XIV.

37 — Deux flambeaux en argent du temps de Louis XV. modèle à côtes.

38 — Saint-Esprit en filigrane d'argent. Cadre rond doré.

39 — Petit modèle de lustre à dix-huit lumières en argent de style flamand.

40 — Petit pot en grès bleu avec couvercle formé d'une médaille d'argent.

MATIÈRES PRÉCIEUSES

41 — Cristal de roche. — Deux jolis flacons carrés à angles coupés gravés en creux à guirlandes de fleurs et figurines d'Amours. Les bouchons sont de forme sphérique.

42 — Cristal de roche. — Petit vase double à couvercle et monté sur pied à double tige enlacée. Monture en or émaillé dans le style du XVIe siècle. Collection Louis Fould.

43 — Cristal de roche. — Deux jolis petits vases de forme surbaissée à culot godronné, à deux anses en S et à couvercle hémisphérique à côtes. Monture de style Louis XVI en or ciselé et émaillé.

44 — Cristal de roche. — Coupe ovale sur piédouche élevé couverte de rinceaux gravés en creux dans le style du XVIe siècle.

45 — Cristal de roche. — Belle coupe ronde à deux anses prises dans la masse et garnie à sa partie supérieure d'un cercle en or émaillé.

46 — Cristal de roche. — Étui à pans monté en vermeil.

47 — Cristal de roche. — Petite coupe à pans sur piédouche et garnie en vermeil.

48 — Cristal de roche. — Six petites cuillers en cristal de roche à manches en argent ciselé, doré et émaillé. Travail moderne dans le style du XVIe siècle.

49 — Cristal de roche. — Deux flacons carrés à angles coupés, avec bouchons en vermeil.

50 — Cristal de roche. — Petite coupe en forme de coquille gravée, montée sur un petit balustre et sur pied également en forme de coquille.

51 — Cristal de roche. — Petite coupe longue à bords renversés vers l'intérieur et taillée à pans.

52 — Cristal de roche. — Plateau de forme octogone allongée, gravé en creux à corbeilles de fruits, rinceaux et oiseaux. Il est garni d'une monture en vermeil. Le plateau date du XVIe siècle.

53 — Cristal de roche. — Petite coupe ovale unie avec anse à enroulements. Monture en or émaillé dans le style du XVIe siècle.

54 — Cristal de roche. — Cuiller garnie en argent.

55 — Cristal de roche. — Petit vase à une anse sur une Chimère couchée, le tout pris dans la masse. La matière est légèrement girasolée. Travail chinois.

56 — Jaspe de Sibérie. — Coupe ovale montée en argent. Les anses sont formées de figurines d'enfants musiciens.

57 — Marbre rouge antique. — Deux petites coupes ou baignerolles montées en argent, à têtes de lions reliées par des festons de lauriers.

58 — Matières diverses. — Plaques pour tabatières de formes variées.

59 — Cristal de roche. — Petit vase de forme aplatie à deux anses têtes chimériques. Travail chinois. Le couvercle est en or et a une bordure émaillée.

60 — Cristal de roche. — Coffret rectangulaire garni de neuf plaques de cristal de roche et monté en vermeil.

61 — Agate orientale. — Coupe ovale unie montée sur un piédouche en or.

62 — Cristal de roche enfumé. — Groupe de deux ours. Avec cercle en or ciselé.

63 — Cristal de roche. — Joli groupe composé de deux canards, dont l'un supporte un vase balustre aplati et à deux anses, le tout pris dans le bloc. Beau travail chinois. Sur socle en bois sculpté.

64 — Cristal de roche. — Autre joli groupe composé d'un canard surmonté d'un vase, le tout pris dans le bloc.

65 — Cristal de roche. — Flacon droit à pans avec garniture en vermeil.

66 — Cristal de roche. — Petit vase en forme de balustre à couvercle taillé à pans.

67 — Cristal de roche. — Joli vase de forme oblongue à branchage en relief pris dans la masse et repercé à jour. Le couvercle est surmonté d'une chimère. Beau travail chinois.

68 — Matières diverses. — Deux modèles d'ordre toscan à colonnettes en marbre rouge antique, moulures en marbre blanc et ornées dans l'entre-colonnement de médaillons d'ivoire sculptés en bas-relief montés en or et représentant l'un le buste de Louis XVI et l'autre celui de Marie-Antoinette. Époque Louis XVI.

69 — Cristal de roche. — Deux petits gobelets à moulures saillantes et pieds rapportés en vermeil.

70 — Agate orientale. — Petite coupe ovale garnie d'une monture à deux anses en argent doré.

71 — Jade vert. — Boîte à angles à ressauts et arrondis, à dragons et ornements en relief. Travail chinois.

72 — Jade vert. — Belle plaque rectangulaire gravée à fleurs et repercée à jour. Le bord est garni de chatons d'or et de rubis. Beau travail indien.

73 — Jade gris. — Plateau oblong à angles arrondis et rentrants, décoré de fleurs gravées en relief.

74 — Jade gris. — Vase en forme de balustre aplati à deux anses et à arbustes en relief. Sur pied en bois sculpté. Travail chinois.

75 — Jade blanc. — Deux petites coupes rondes et basses en jade cristallisé.

76 — Cristal de roche. — Petite coupe ovale à rayons de feuillages gravés. Monture en or.

77 — Jade blanc. — Petit groupe formé d'un oiseau couché sur une feuille de lotus.

78 — Agate barrée. — Flacon-tabatière de forme aplatie avec bouchon en argent doré.

79 — Agate orientale. — Petite coupe ronde avec plateau décorée au pourtour de petites côtes en spirale. Les deux pièces sont garnies en vermeil.

80 — Jade blanc. — Deux petites plaques formant écrans gravées et découpées à jour ; sur pieds en bois de fer sculpté et découpé.

81 — Jaspe verdâtre de Sibérie. — Petite coupe ronde à godrons et montée sur piédouche, le tout pris dans le bloc.

82 — Jade vert. — Deux grandes coupes rondes unies ; sur un seul pied en bois de fer finement sculpté. Travail chinois.

83 — Cristal de roche enfumé. — Très petit vase garni d'une monture en argent doré émaillé à froid.

SCULPTURES

84 — Ivoire. — Beau cippe offrant au pourtour un paysage montagneux avec personnages, le tout finement sculpté. Beau travail chinois.

85 — Bois. — Très joli socle à console en bois de fer très finement sculpté. Travail chinois.

86 — Ivoire. — Statuette de femme japonaise debout.

87 — Ivoire. — Deux bas-reliefs de forme circulaire représentant des naïades et des enfants.

88 — Ivoire. — Canif à manche d'ivoire formé d'une figurine d'Amour debout, tenant son arc et les yeux bandés.

89 — Ivoire. — Cachet formé d'une cariatide d'enfant.

90 — Ivoire. — Médaillon ovale en ivoire sculpté offrant au centre le buste de Louis XV en biscuit de Sèvres sur fond bleu. Cadre en argent.

91 — Ivoire. — Manche de couteau formé de deux figurines d'enfants debout.

92 — Ivoire. — Médaillon ovale offrant un buste d'homme en costume du temps de Louis XIV. Cadre en ébène et argent.

93 — Ivoire. — Deux peignes sculptés à figures et repercés à jour. Travail indien.

94 — Ivoire. — Haut-relief rectangulaire et bombé, représentant la Fuite en Egypte. XVIIe siècle.

95 — Ivoire. — Deux petits vases en ivoire, l'un d'eux garni en filigrane d'argent et l'autre en vermeil.

96 — Ivoire. — Deux jolis groupes composés chacun de deux guerriers japonais debout.

97 — Bois. — Petit groupe représentant diverses scènes tirées de la vie du Christ. Il est placé dans une petite lanterne en filigrane d'argent. XVIe siècle.

98 — Ivoire. — Large cachet chinois avec caractères gravés et surmonté d'un dragon.

99 — Ambre. — Couteau et fourchette à manches en ambre sculpté et ivoire incrusté. Ils se terminent par des

têtes humaines. XVIIe siècle. Dans leur étui en maroquin doré au fer.

100 — Bois. — Petit cadre en bois finement sculpté dans le style de la Renaissance. Signé Sienne 1878. Il renferme une glace biseautée.

101 — Bois. — Petite statuette de sainte femme debout.

102 — Bois. — Boîte en forme de courge à branchages en relief et découpée à jour dans toutes ses parties. Travail chinois.

103 — Bois. — Petite pagode laquée contenant une divinité en bois sculpté. L'intérieur est doré.

104 — Bois. — Râpe à tabac du temps de Louis XIV, sculptée en bas-relief, à fleurs, ornements, mascarons et armoiries.

105 — Bois. — Pipe formée d'une figurine d'homme accroupie. XVIIe siècle.

106 — Bois. — Deux étuis à bésicles sculptés en bas-relief et décorés de bustes, d'oiseaux et d'ornements. Époque Louis XIV.

107 — Bois. — Boîte ovale de même travail, montée en argent.

108 — Bois. — Affiquet du temps de Louis XIV, orné de médaillons, bustes d'hommes et surmonté d'un buste.

109 — Bois. — Grosse pipe formée d'une main supportant deux livres sur lesquels repose une tête de mort.

110 — Bois. — Eustache ou couteau pliant, à manche orné de bustes et se terminant par trois têtes de chiens.

111 — Bois. — Petit bas-relief du temps de Louis XVI, représentant une urne et des ornements. Cadre en bois doré.

112 — Ivoire. — Béquille de canne formée de l'avant-corps d'un vieillard.

113 — Bois. — Poignard à manche et fourreau sculptés à ornements. Travail moderne.

114 — Cire peinte. — Vieillard assis.

114 *bis* — Bois. — Deux sphinx couchés.

115 — Ivoire. — Cippe décoré au pourtour de figures sculptées en bas-relief. Monture en cuivre doré.

PORCELAINES

116 — Joli petit cabaret en ancienne porcelaine de Saxe, à médaillons de paysages et figures en camaïeu vert sur fond rose et encadrés d'or. Il se compose d'un plateau, de quatre grandes pièces, de deux cuillers et de quatre tasses dont deux avec soucoupes.

117 — Petit broc et son plateau en vieux Sèvres, pâte tendre, décorés de fleurs et de groupes d'Amours en camaïeu bleu.

118 — Très petit vase en ancienne porcelaine de Sèvres, pâte tendre, décoré de fleurs.

119 — Deux tasses et deux soucoupes en porcelaine genre Sèvres, décorées de fleurs en camaïeu bleu et rose.

120 — Petit groupe en biscuit de Sèvres. Vénus bandant les yeux à l'Amour.

121 — Deux figures assises, en biscuit de Sèvres. La Force et la Liberté.

122 — Deux vases en forme de balustre, en porcelaine gros bleu, garnis de montures de style Louis XVI, en bronze doré.

123 — Deux salières doubles en vieux Sèvres, pâte tendre, à décor d'or. Époque Louis XV.

124 — Tête-à-tête en porcelaine de Saxe, à bord bleu imbriqué d'or. Il se compose d'un plateau ovale, de quatre grandes pièces et de deux tasses avec soucoupes.

125 — Statuette en ancienne porcelaine de Saxe, l'Architecture représentée par une femme debout.

126 — Hanap en porcelaine de Saxe, à ornements gaufrés et décor de fleurs.

127 — Deux pots à crème, dont un en vieux Sèvres, pâte tendre, et l'autre fond violacé, décoré d'oiseaux.

128 — Deux porte-fleurs de forme oblongue en ancienne porcelaine blanche, à ornements gaufrés et à becs formés de têtes fantastiques.

129 — Sucrier et son plateau, à lobes en porcelaine de Chantilly, décoré de fleurs.

130 — Deux socles carrés en porcelaine de Furstenberg, décorés de fleurs et de dorure.

131 — Bougeoir formé d'une soucoupe en vieux Sèvres, pâte tendre, décorée de fleurs et de rubans. Monture en cuivre doré.

132 — Petit groupe en porcelaine blanche italienne. Nymphe et Satyre.

133 — Deux petits pots sans couvercles en porcelaine tendre, à côtes, fond bleu turquoise; sur socles chinois en bois.

134 — Petit groupe composé de quatre figures en ancienne porcelaine blanche de Capo di Monte. L'Amour maternel.

135 — Petite écuelle avec couvercle et plateau en ancienne porcelaine de Locré, décor bleu barbot.

136 — Petite chaise à porteurs en porcelaine, genre Saxe.

137 — Deux flacons en porcelaine, genre Saxe. Marquis et marquise.

138 — Deux paons en ancienne porcelaine blanche et tendre.

139 — Deux tasses et deux soucoupes en porcelaine de Saxe, à fleurs en relief et fleurs peintes.

140 — Tasse avec soucoupe et couvercle en porcelaine de Saxe, décorée de figures sur fond d'or.

141 — Tasse et soucoupe en vieux Saxe, à bords gaufrés et décorée de grandes figures peintes.

142 — Cinq figurines diverses en porcelaine de Saxe et autres.

143 — Statuette en porcelaine de Berlin. Le Berger Paris.

144 — Flacon de forme aplatie en porcelaine d'Allemagne, à ornements gaufrés et fleurs peintes en camaïeu.

145 — Écuelle en faïence de Sarguemine marbrée. Le couvercle est surmonté d'une figurine d'Amour.

146 — Plateau à quatre lobes en vieux Saxe, décoré de fleurs.

147 — Saucière en porcelaine dure de Sèvres, décorée de fleurs.

148 — Petite ménagère en porcelaine de Saxe, décorée de fleurs et quatre petits pots en porcelaine de l'Inde.

149 — Deux salières en porcelaine de Chine, à décor bleu.

150 — Deux tasses sans soucoupes en porcelaine de Saxe, décorées de fleurs sur fond verdâtre.

151 — Deux petits groupes de trois figures en faïence de Lorraine, jeux d'enfants.

152 — Quatre statuettes en porcelaine blanche d'Allemagne. Berger, bergère, jardinier et jardinière.

153 — Flacon formé d'un petit cygne en porcelaine moderne de Saxe.

154 — Petit vase en terre émaillée noire et dorée.

155 — Deux vases balustre en porcelaine de Saxe, à anses et festons de lauriers en relief dorés et médaillons bustes sur fond rosé.

156 — Vase analogue à ceux qui précèdent ; le couvercle est en vermeil.

157 — Deux petites figurines en porcelaine de Saxe, l'une d'elles montée sur un socle en bronze doré à quatre petits pieds.

158 — Deux petits chiens assis en porcelaine de Saxe, et formant flacons.

159 — Deux boîtes formées chacune d'une souris en porcelaine de Saxe et garnies en argent.

160 — Deux seaux à rafraîchir en porcelaine dure, à décor d'or.

161 — Écuelle avec couvercle et plateau en faïence italienne, à ornements gaufrés en relief et décor de fleurs.

162 — Plateau forme feuille en porcelaine de Vienne, décoré de fleurs et d'ornements.

163 — Perroquet sur rocher en porcelaine, genre Saxe.

164 — Petit groupe en biscuit de Sèvres : Le Baiser d'Houdon, sur socle en marbre blanc. Epoque Louis XVI.

165 — Petit buste de Henri IV en biscuit de Sèvres, sur socle en bois noir.

166 — Deux boîtes rondes à couvercle en émail cloisonné du Japon sur porcelaine.

167 — Deux tasses avec soucoupes, décorées à l'imitation des porcelaines de Chantilly.

168 — Tasse droite avec soucoupe en vieux Sèvres, pâte tendre, fond à œils de perdrix et médaillon de paysage. La soucoupe porte le chiffre S. M.

169 — Flacon à thé de forme aplatie en vieux Saxe, décoré de médaillons de personnages encadrés d'or.

170 — Grande tasse droite avec soucoupe en ancienne porcelaine de Sèvres pâte tendre, à bordures de fleurs et zônes verticales décorées d'ornements variés.

171 — Tasse et deux soucoupes en porcelaine tendre de Tournay à décor de fleurs en or et pôt à crème en porcelaine dure de Sèvres.

172 — Six assiettes en porcelaine moderne de la Chine, décorées de figures émaillées.

173 — Groupe en biscuit de Sèvres : Vénus et l'Amour.

174 — Quatre pièces en porcelaine genre Saxe : vieillard, jardinière et deux bouts de table.

175 — Sucrier en vieux Japon, à deux anses et à décor bleu. Le couvercle est garni en argent.

176-180 — Cinq tasses forme droite en porcelaine de Vienne à décors variés. Ce lot sera divisé.

181 — Pomme de canne de même porcelaine fond brun chatoyant et médaillons.

182 — Trois tasses avec soucoupes en porcelaine de Saxe dont une blanche à décor d'or et deux à fond jaune et fleurs en deux dimensions.

183 — Trois petites buires en porcelaine moderne, décorées à l'imitation du Chine.

184 — Jolie assiette en porcelaine de Vienne à sujet tiré de la *Jérusalem délivrée*, et bordure d'ornements d'or en relief.

185 — Trois obélisques de Wedgwood marbrés et ornements dorés.

186 — Cabaret solitaire en porcelaine dure à décor d'or. Il se compose d'un plateau, de trois grandes pièces et d'une tasse avec soucoupe.

187 — Deux petits flacons en vieux Chine décorés de fleurs.

188 — Écuelle avec plateau en faïence de Wedgwood, à bords à hachures bleues.

189 — Petit cabaret solitaire en vieux Sèvres pâte tendre décoré de cordons bleus et or. Il se compose de quatre grandes pièces et d'une tasse.

190 — Deux statuettes, l'une en biscuit, représentant Vénus debout, et l'autre en porcelaine blanche : L'Abondance.

191 — Deux cailles en porcelaine genre Saxe.

192 — Deux statuettes en biscuit de porcelaine. Travail anglais.

193 — Figure en porcelaine blanche et moderne du Japon.

194 — Jolie plaque ovale en biscuit de Wedgwood à figure blanche sur fond bleu.

195 — Plaque rectangulaire en biscuit de Wedgwood à figures blanches sur fond bleu : le Mariage de Psyché et de l'Amour.

196 — Deux petits flambeaux modèle rocaille, en ancienne porcelaine blanche de Nymphenburg.

196 *bis* — Tasse à couvercle et soucoupe en porcelaine de Saxe, portant la lettre N exécutée en fleurs peintes.

197 — Deux vases ovoïdes en porcelaine dure décorés de roses.

198 — Plat long ovale en faïence du Midi, décor polychrome à fleurs, poissons, etc.

199 — Plat ovale en faïence de Strasbourg, décor polychrome à fleurs.

200 — Deux porte-fleurs en porcelaine de Chine, à décor émaillé et formés chacun de cinq petits vases accolés.

201 — Buire et cuvette en faïence italienne, décor polychrome à fleurs.

202 — Médaillon rond en biscuit, buste de Louis XV.

OBJETS VARIÉS

203 — Joli coffret de forme oblongue et à contours, en écaille piquée et posée d'or et enrichi d'incrustations de nacre gravée. Travail napolitain du temps de Louis XIV. Il contient un petit plateau en écaille piquée d'or.

204 — Petit plateau ovale à contours de même travail.

205 — Joli coffret oblong en écaille piquée et incrustée d'or et de nacre de perle à personnages et ornements. Travail napolitain du temps de Louis XIV.

206 — Petit médaillon ovale, émail de Limoges en couleurs et sur paillon par Jean Limousin : Sainte Barbe. Cadre d'or.

207 — Médaillon rond en bronze finement ciselé : Sainte Famille. Cadre en argent.

208 — Deux autres médaillons ronds en bronze ciselé : Attributs divers et le Sénat romain.

209 — Petit médaillon ovale en cuivre plaqué d'or. Dans un étui en cuivre.

210 — Médaillon rond en plâtre. Portrait de femme en costume Louis XVI, en bas-relief et de profil à droite. Cadre en bronze doré.

211 — Deux pièces : Petit buste applique en ivoire de Voltaire, et amazone en costume Louis XVI, peinture sur nacre

212 — Petit amorçoir en corne monté en argent.

213 — Petit volume contenant diverses scènes de la passion et des martyres d'apôtres; gravures par Callot.

214 — Double mètre en ivoire gravé, portant au revers le pied de Roy. Étui en galuchat.

215 — Deux petits vases en forme de balustre en émail cloisonné moderne de la Chine décorés de fleurs sur fond bleu turquoise.

216 — Deux petits vases analogues à ceux qui précèdent, mais à fond jaune.

217 — Grande cuiller à très long manche plat, en damas finement découpé à jour et à ornements dorés. Travail persan.

218 — Pipe japonaise garnie en cuivre ciselé et oxydé.

219 — Pipe japonaise analogue à celle qui précède. Dans un fourreau en cuir.

220 — Six pièces : couteaux et fourchettes à manches en os et bois, os incrusté de cuivre, etc.

221 — Deux petits vases en forme de balustre en émail cloisonné de la Chine à fond bleu et décor de fleurs et d'ornements.

222 — Deux vases de même qualité à fond rouge et médaillons de fleurs sur fond varié de nuances.

223 — Deux canards debout en émail cloisonné de la Chine à fond blanc et ailes en couleurs.

224 — Deux plats ovales en émail cloisonné moderne du Japon décorés de fleurs.

225 — Deux soucoupes en émail cloisonné moderne de la Chine à fleurs sur fond noir.

226 — Boîte indienne octogone en bois et ivoire incrustés.

227 — Pipe à opium en bambou sculpté, de travail chinois, et cuiller persane en bois sculpté.

228 — Petit coffret rectangulaire en ivoire, et compartiments d'écaille garnis d'appliques en argent. Époque Louis XIII.

229 — Autre coffret à couvercle bombé en ivoire et écaille, garni en argent.

230 — Boîte oblongue en marqueterie de Bombay, décorée intérieurement et extérieurement.

231 — Boîte en laque de Chine burgautée, contenant dix bâtons d'encre de Chine variés de nuances.

232 — Boîte oblongue à angles coupés, en bois de santal incrusté.

233 — Plateau rond en fer damasquiné d'or et d'argent. Travail japonais.

234 — Boîte oblongue en laque rouge de Pékin ciselée à figures et fleurs.

235 — Porte-cartes en ivoire et marqueterie. Travail du Bengale.

236 — Petite coupe en verre agatisé de Venise, montée en bronze doré, à anses ornées de têtes de silènes.

237 — Boîte oblongue porte-pinceaux en laque du Japon à décor d'arbustes en or en relief.

238 — Petite boîte de forme sphérique en laque aventuriné du Japon à décor d'arbustes et armoiries en or.

239 — Plateau rond en cuivre à décor argenté et doré imitant la damasquine indienne.

240 — Deux flambeaux en émail de Saxe, décorés de fleurs et de compartiments bleuâtres cerclés d'or.

241 — Sept pièces diverses en verre de Venise.

242 — Petit buste de Voltaire en bronze doré.

243 — Trousse de médecin en laque d'or incrustée d'ivoire Éléphant et deux enfants. Travail japonais.

244 — Petit plateau oblong en ivoire laqué du Japon.

245 — Jolie trousse de médecin japonais en laque à décor d'or et figurines en bronze rapportées en relief. Belle qualité.

246 — Autre petite trousse japonaise en ivoire laqué.

247 — Boîte en laque en forme de papillon.

248 — Boîte en laque du Japon ; le dessus décoré d'un paysage. Elle contient quatre petites boîtes également en laque.

249 — Boîte ronde en ancien laque du Japon, décorée de figures de femmes dans un intérieur rustique.

250 — Joli petit plateau carré en laque du Japon, décoré d'un paysage en relief. Le bord est décoré de rosaces.

251 — Boîte oblongue à couvercle à recouvrement, en émail cloisonné de la Chine à quadrillages rouges sur fond blanc et bord intérieur à fond bleu turquoise.

252 — Petit vase à couvercle en laque du Japon à fond noir et fleurs dorées.

253 — Flacon-tabatière en verre blanc imitant le jade. Travail chinois.

254 — Petit plateau oblong à pans en émail de Canton décoré de fleurs et d'ornements.

255 — Boîte oblongue en laque du Japon, décorée de quadrillages et de rosaces en or sur fond aventuriné.

256 — Petit cabinet en laque du Japon à décor d'or sur fond naturel, fleurs et chute d'eau.

257 — Boîte oblongue en laque à décor d'or, paysages avec personnages.

258 — Deux petits flacons en verre de Bohême taillés à pans et gravés.

259 — Cantine de fumeur en laque du Japon à fleurs en relief plaquées d'or et d'argent.

260 — Deux chimères assises en émail cloisonné de la Chine à fond bleu.

261 — Quatre petites salières rondes en cuivre gravé argenté en partie, avec intérieurs en verre bleu. Travail japonais moderne.

262 — Deux petites buires et leur plateau oblong à contours en fer, couverts d'ornements dorés. Travail oriental.

263 — Mouchettes en fer ciselé à armoiries et ornements. Époque Louis XVI.

264 — Six pièces : deux petites coupes rondes en écaille, deux cuillers en écaille à manches en corail et deux bouts de pipe en ambre et filigrane d'argent.

265 — Boîte ronde en laque d'or du Japon, décorée d'un paysage ; sur socle à trépied.

266 — Petit vase à couvercle en laque aventuriné, décoré d'arbustes en or.

267 — Petite boîte de même qualité, en forme d'écran.

268 — Plateau carré à angles arrondis et rentrants, en laque du Japon à décor d'or.

269 — Grande plaque en cuivre émaillé : sujet de chasse. Imitation d'émail de Limoges.

270 — Deux petits plateaux ronds en émail cloisonné du Japon.

271 — Deux jardinières en vernis de Martin, décorées de figures sur fond brun et anses et bordures dorées.

272 — Deux théières à lobes et deux petits plateaux ronds en laque du Japon, décorés de paysages en or sur fond noir.

273 — Boîte octogone en laque du Japon, décorée d'un vol d'oiseaux en or sur fond noir.

274 — Lot de médailles diverses en argent et en bronze.

275 — Boîte à bétel en bois dur incrusté de nacre de perles gravée en relief. Travail du Tonkin.

ARMES

276 — Gaîne en argent ciselé et niellé : elle contient deux petits couteaux à manches en argent ciselé. Travail oriental.

277 — Couteau et sa gaîne en fer ciselé à ornements dorés. Travail oriental.

278 — Trousse chinoise à fourreau en peau de requin.

279 — Autre trousse chinoise avec ustensiles et fourreau garnis en argent repoussé.

280 — Couteau à long manche en damas à décor d'or avec fourreau en peau de requin garni en argent gravé.

281 — Couteau à manche en jade blanc et fourreau en jade verdâtre d'un seul morceau.

282 — Longue paire de ciseaux persans à décor d'ornements argentés. Travail persan.

283 — Amorçoir en ivoire sculpté à animaux en relief. Travail indien.

284 — Yatagan avec manche et garniture du fourreau en argent gravé et niellé.

BRONZES D'ART

285 — Petit groupe de trois figures en bronze : Marche de Silène. Travail très soigné.

286 — Statuette de Bacchus jeune. Bronze du XVIIe siècle.

287 — Petit cheval se cabrant. Bronze du XVIe siècle.

288 — Statuette de baigneuse debout, d'après Allegrain, signée Sauvage.

289 — Petit buste de suivant de Bacchus, les épaules couvertes d'une peau de bouc. Bronze du XVIe siècle d'une grande légèreté.

290 — Brûle-parfums chinois en forme de chimère assise en bronze.

291 — Pitong en forme de tronc d'arbre avec figurine debout. Bronze chinois.

292 — Deux petits vases cylindriques à deux anses en bronze niellé d'argent.

293 — Presse-papier formé d'un dragon en bronze, sur socle en porphyre rouge oriental.

294 — Petit buste en bronze de Charles-Quint, sur socle en marbre.

295 — Deux petits animaux en bronze, sur socle en porphyre oriental.

296 — Lama debout en bronze doré, sur socle en porphyre rouge oriental.

297 — Petit groupe en bronze : Rivière figurée par une nymphe à demi couchée.

298 — Petite statuette de jeune Japonaise en bronze niellé d'argent.

BRONZES D'AMEUBLEMENT

299 — Jolie pendule du temps de Louis XVI en marbre blanc sculpté, attribuée à Falconet. Nymphe nue assise sur rocher. Le socle est orné de bas-reliefs en bronze ciselé et doré au mat.

300 — Grande pendule du temps de Louis XVI en bronze doré au mat et marbre blanc. La Pleureuse d'oiseau. Le socle est orné de bas-reliefs en bronze ciselé et doré au mat, à figures d'Amours d'après Boucher.

301 — Pendule en forme de borne à angles coupés cannelés, surmontée d'un vase à deux anses et ornée sur sa face d'un trophée de carquois. Bronze doré à l'or moulu. Epoque Louis XVI.

302 — Deux presse-papier en bronze doré formés chacun de deux dauphins enlacés soutenant de leur queue une petite boule surmontée d'une fleur de lis. Epoque Louis XVI.

303 — Deux flambeaux en bronze doré à tiges entourées de trois dauphins en bronze vert.

304 — Jolie petite pendule Louis XVI en bronze doré au mat et marbre blanc surmontée d'une figurine de Diane chasseresse.

305 — Petit vase à deux anses en bronze ciselé et doré au mat à Frise composée de jeux d'Amours.

306 — Pendule du temps de Louis XVI en bronze doré au mat et marbre blanc, supportée par quatre cariatides de femmes et surmontée d'un groupe de deux colombes.

307 — Deux flambeaux Louis XVI en marbre blanc et bronze doré au mat à tiges cannelées.

308 — Belle pendule du temps de Louis XVI et attribuée à Merin, en marbre blanc sculpté sur socle orné d'un bas-relief en bronze ciselé et doré au mat : Vénus et l'Amour.

309 — Pendule de la fin du XVIIIe siècle en bronze doré au mat à quatre colonnes cannelées.

310 — Deux petits candélabres à trois lumières à figures d'enfants sur socles en marbre blanc.

311 — Pendule Louis XVI en bronze ciselé et doré, modèle à consoles et appliques, sur socle en marbre blanc.

312 — Autre jolie petite pendule Louis XVI en bronze ciselé et doré, modèle à demi-colonnes et surmontée d'un vase.

313 — Deux flambeaux formés chacun d'un chameau couché en bronze doré; sur socle en bois noir garni d'ornements en bronze doré. XVIIIe siècle.

314 — Petit cartel porte-montre en bronze et dorure, à figure d'Amour et groupe de deux colombes. Socle en marbre.

315 — Deux porte-montres de style Louis XVI en bronze ciselé et doré : lyre sur colonne cannelée.

316 — Deux supports formés chacun de deux cariatides d'Amours se terminant par des enroulements le tout en bronze doré.

317 — Groupe en bronze doré : Femme et enfant couchés sur un sopha.

318 — Deux salières en verre bleu sur pieds formés de dauphins et de guirlandes de fleurs en cuivre doré.

319 — Deux petits flambeaux de style Louis XIV en bronze doré.

320 — Presse-papier en bronze doré formé d'un chien couché. Style Louis XVI.

321 — Deux flambeaux bas de style Louis XVI en bronze ciselé et doré au mat.

MEUBLE

322 — Grande commode du temps de Louis XVI à bouts arrondis en bois de rose, garnie de bronze doré et à dessus de marbre.

www.ingramcontent.com/pod-product-compliance
Ingram Content Group UK Ltd.
Pitfield, Milton Keynes, MK11 3LW, UK
UKHW021108270726
13993UKWH00006B/1992

9 782329 511696